THIS BOOK BELONGS TO

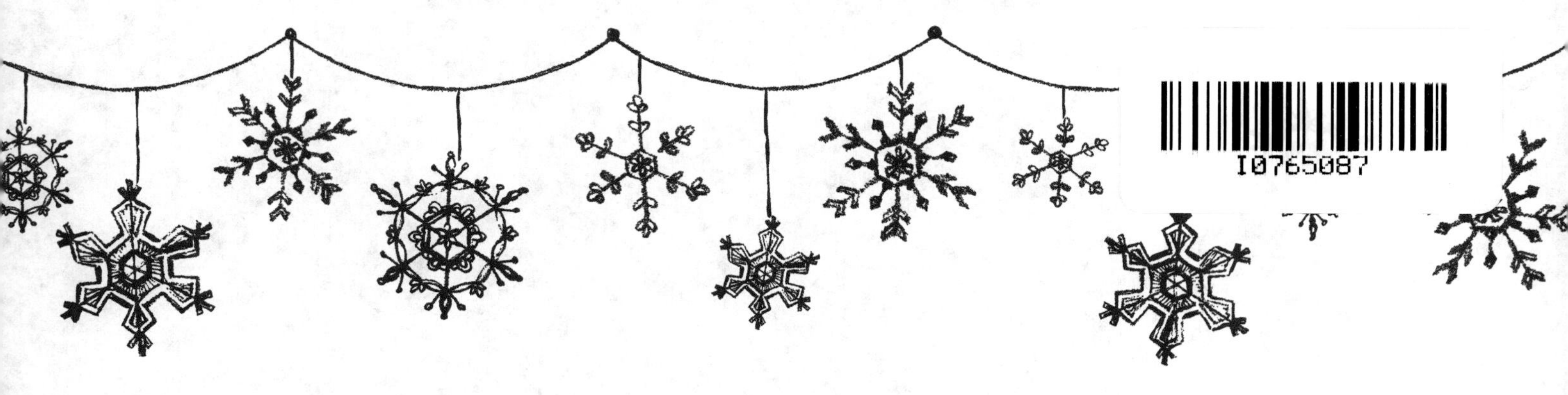

o o o o o o o o o o o o o o

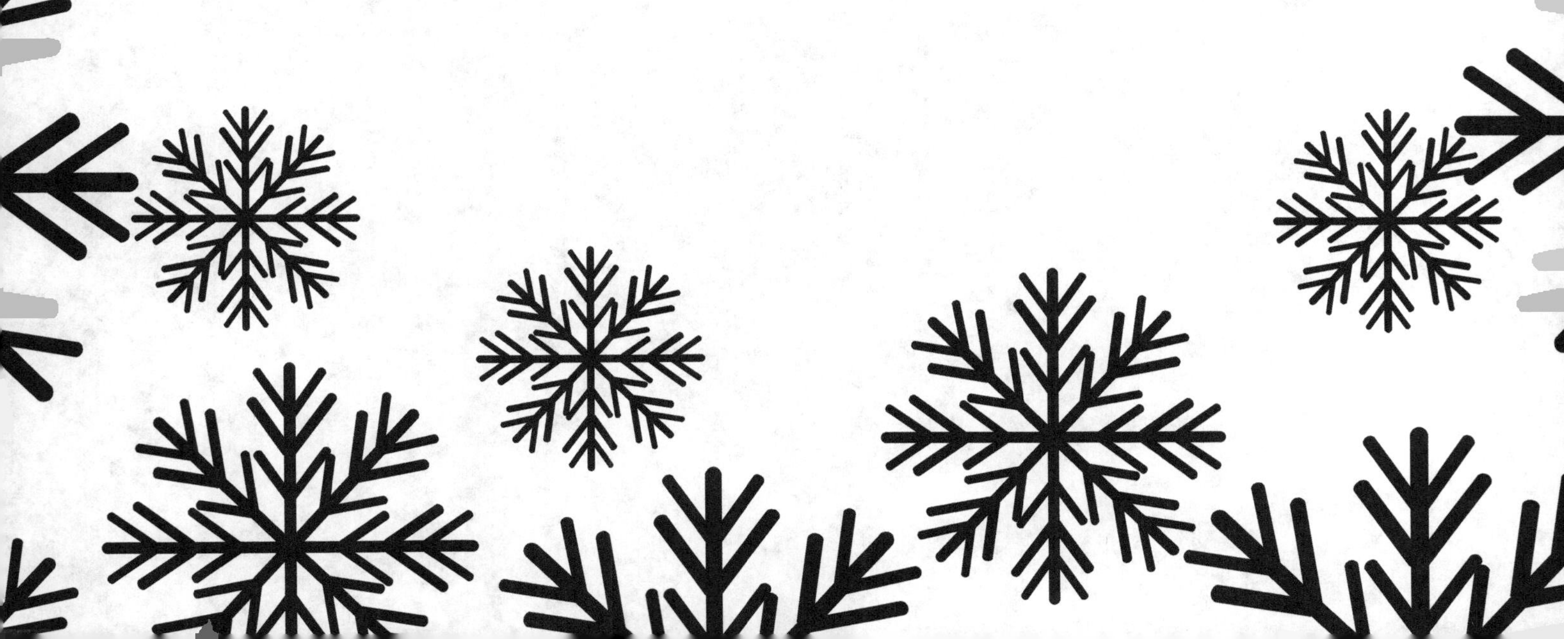

COLOR TEST

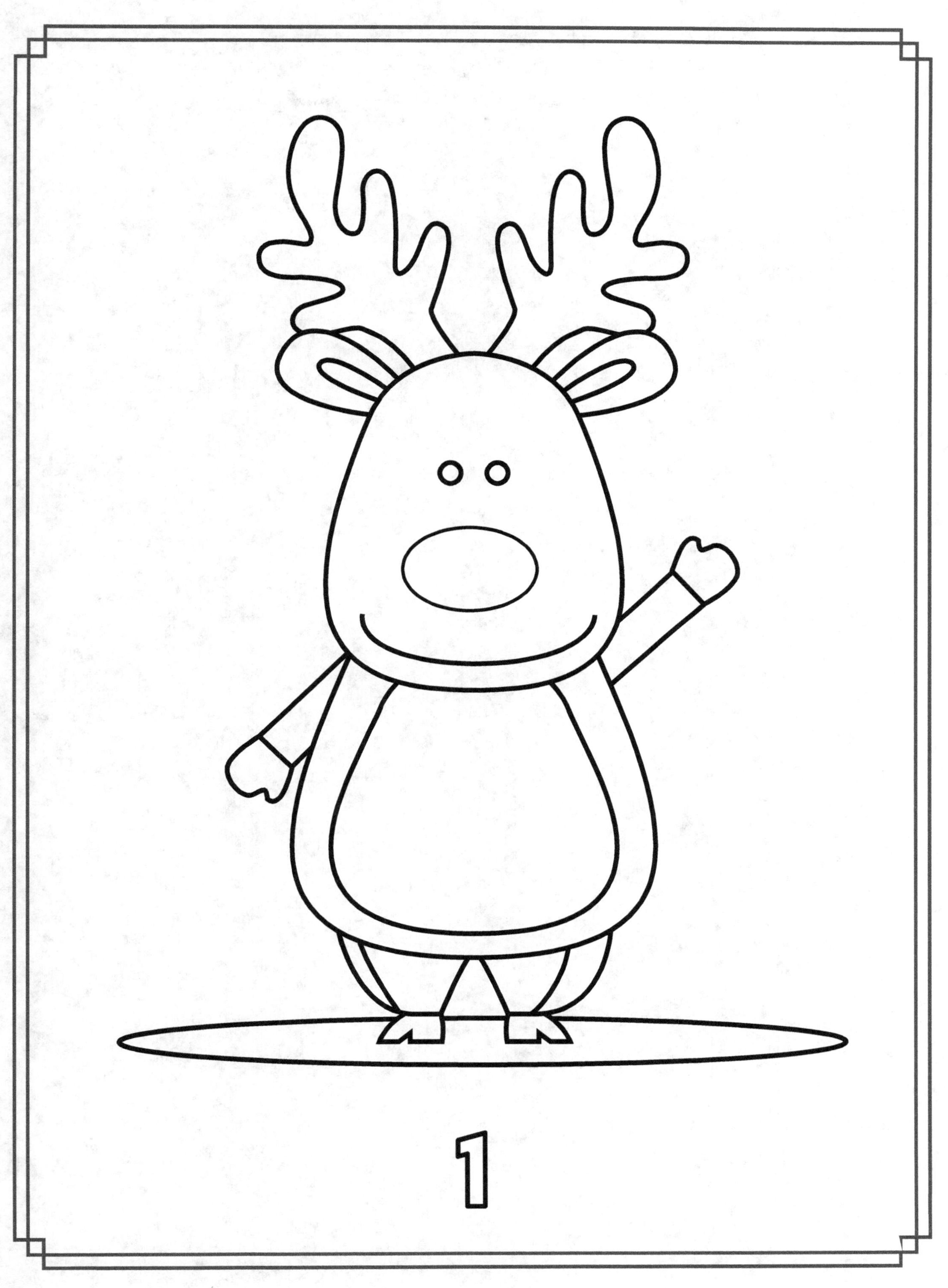

1

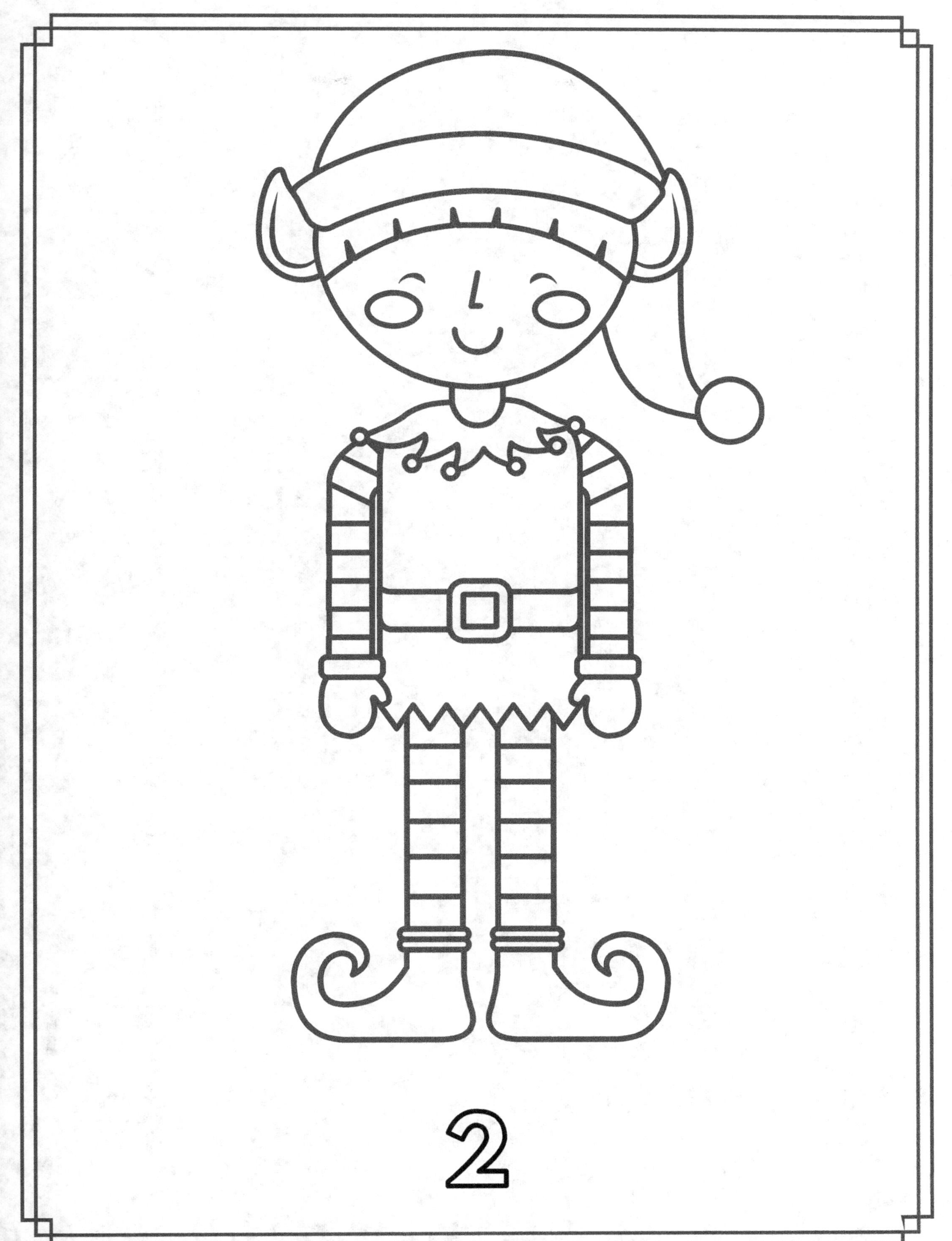

2

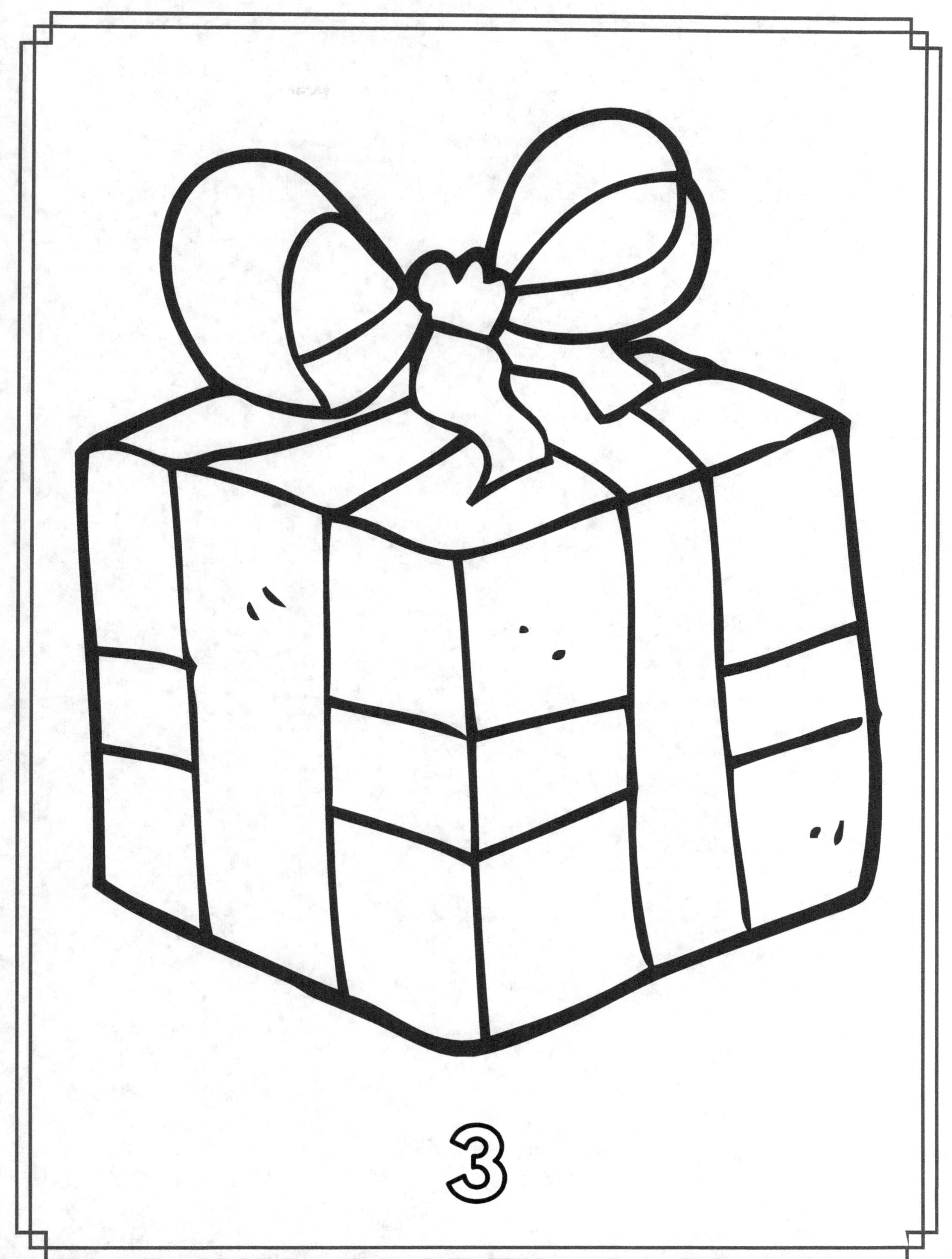

3

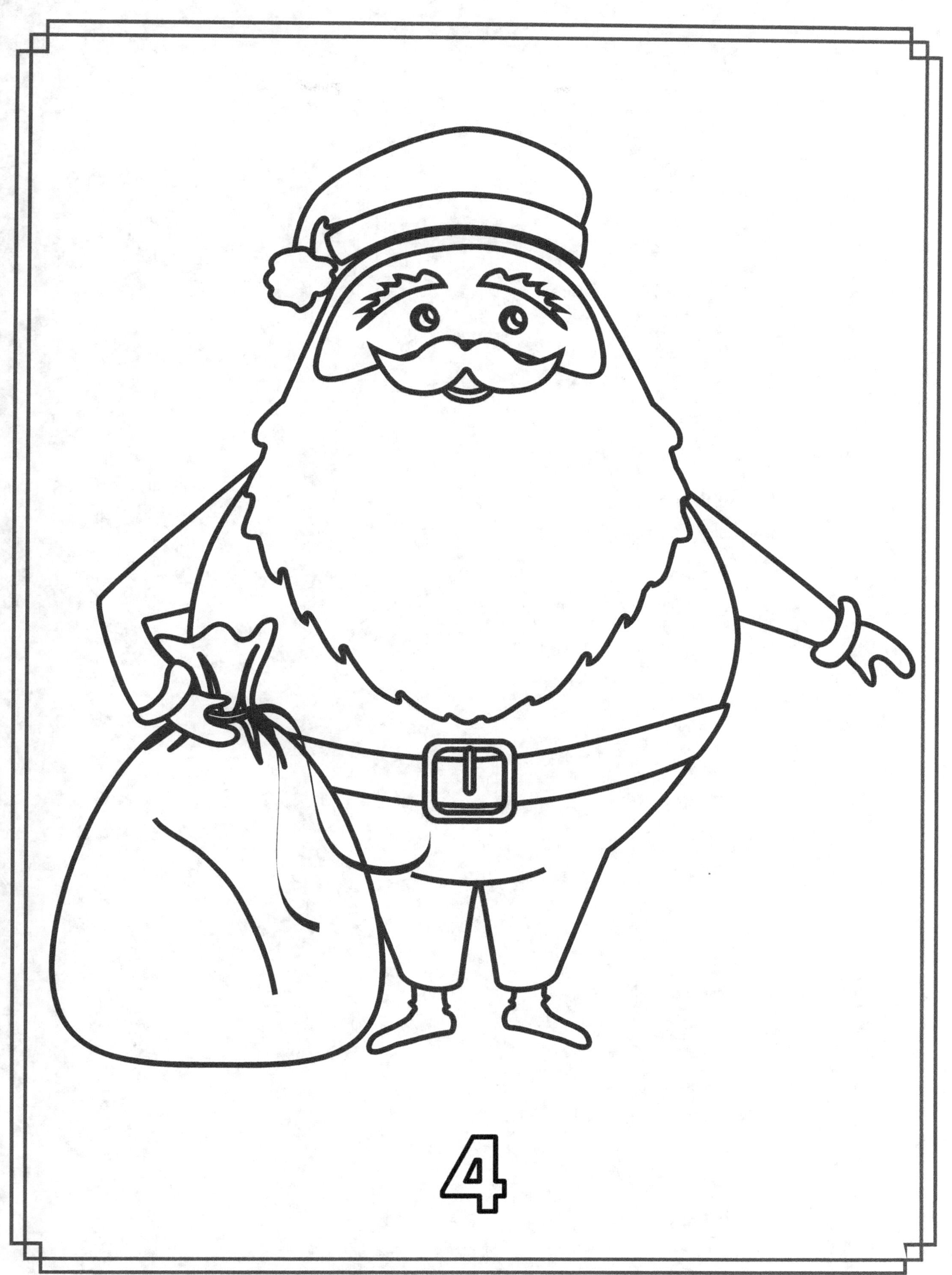

4

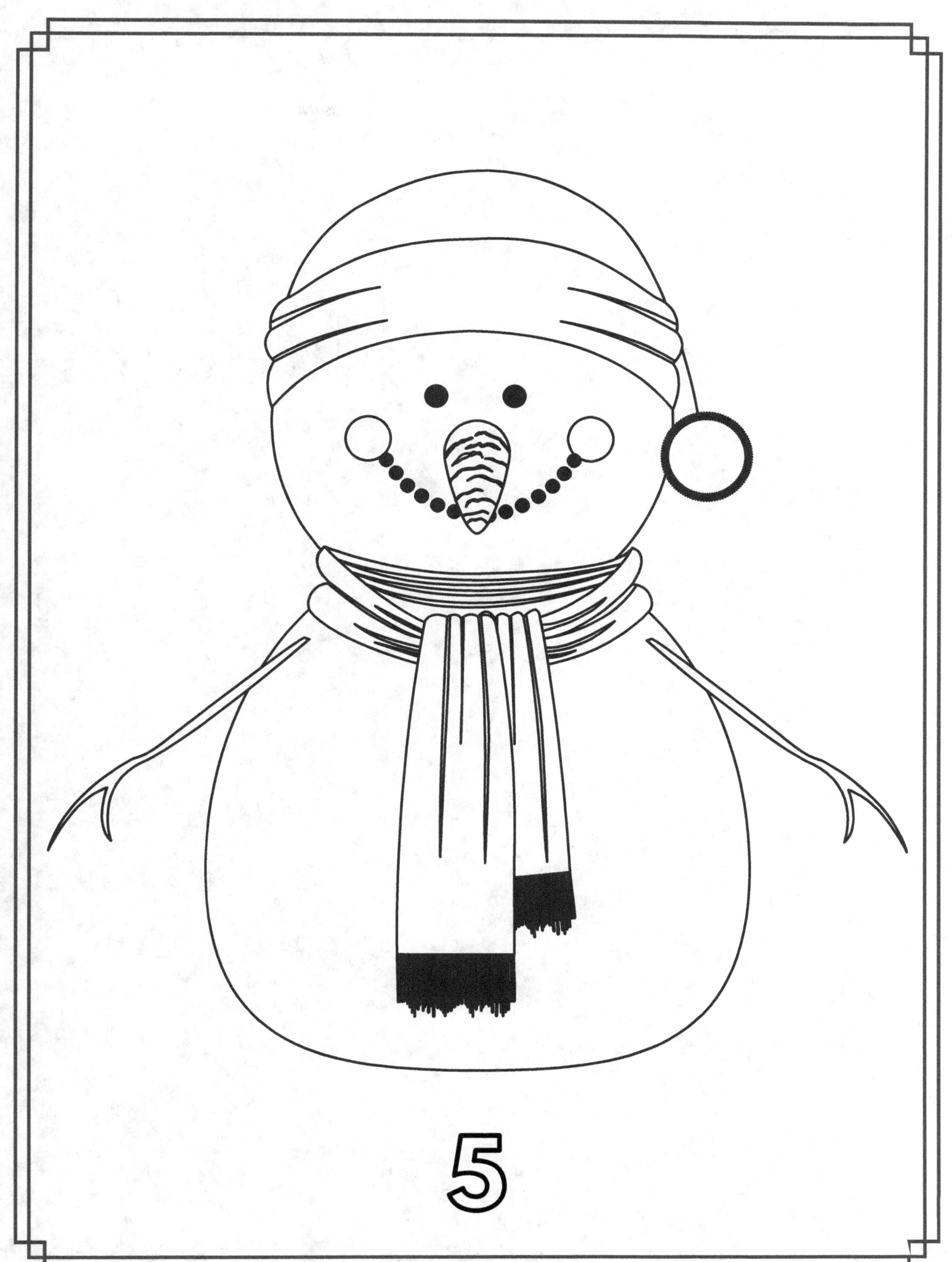

5

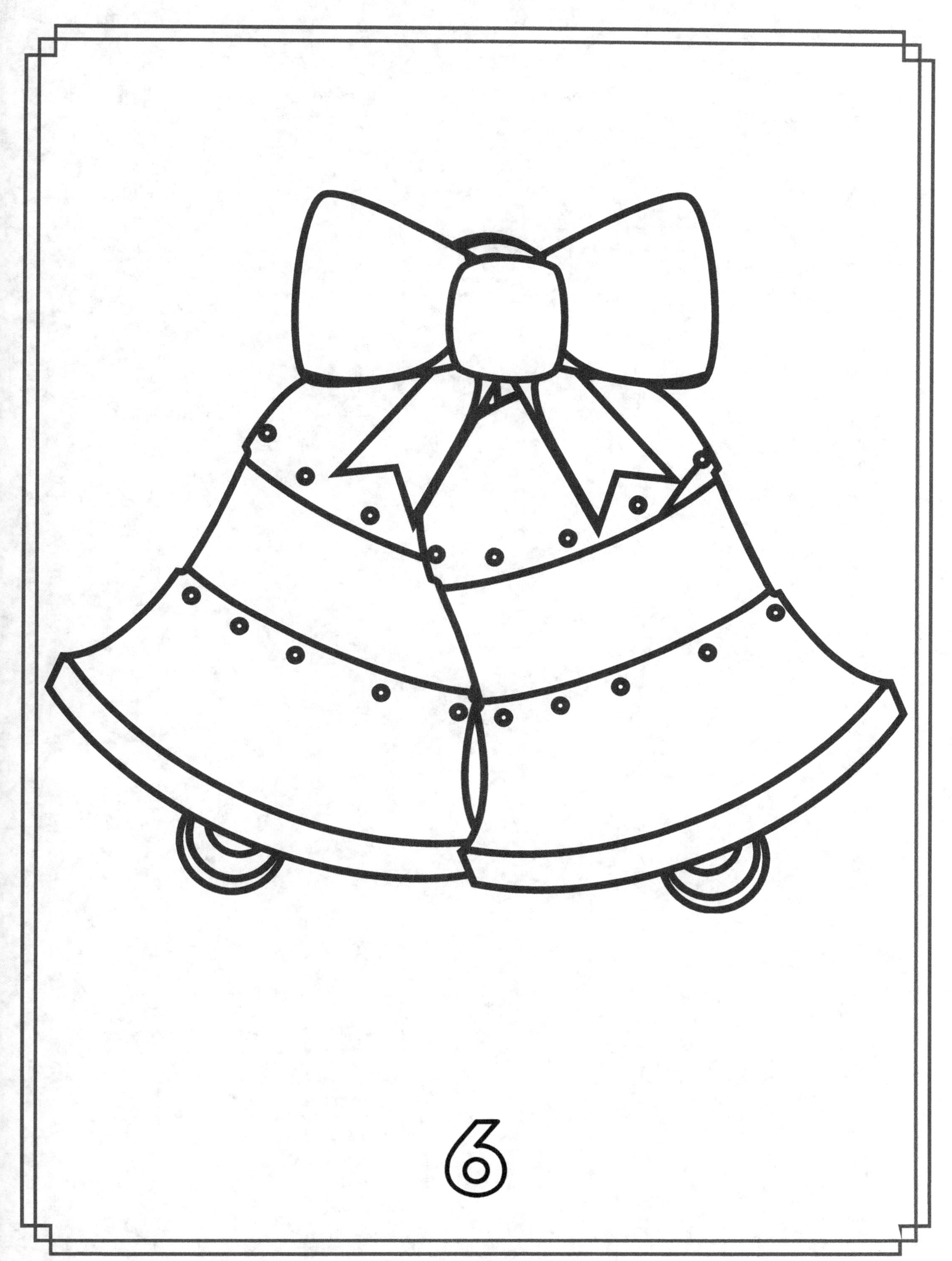

6

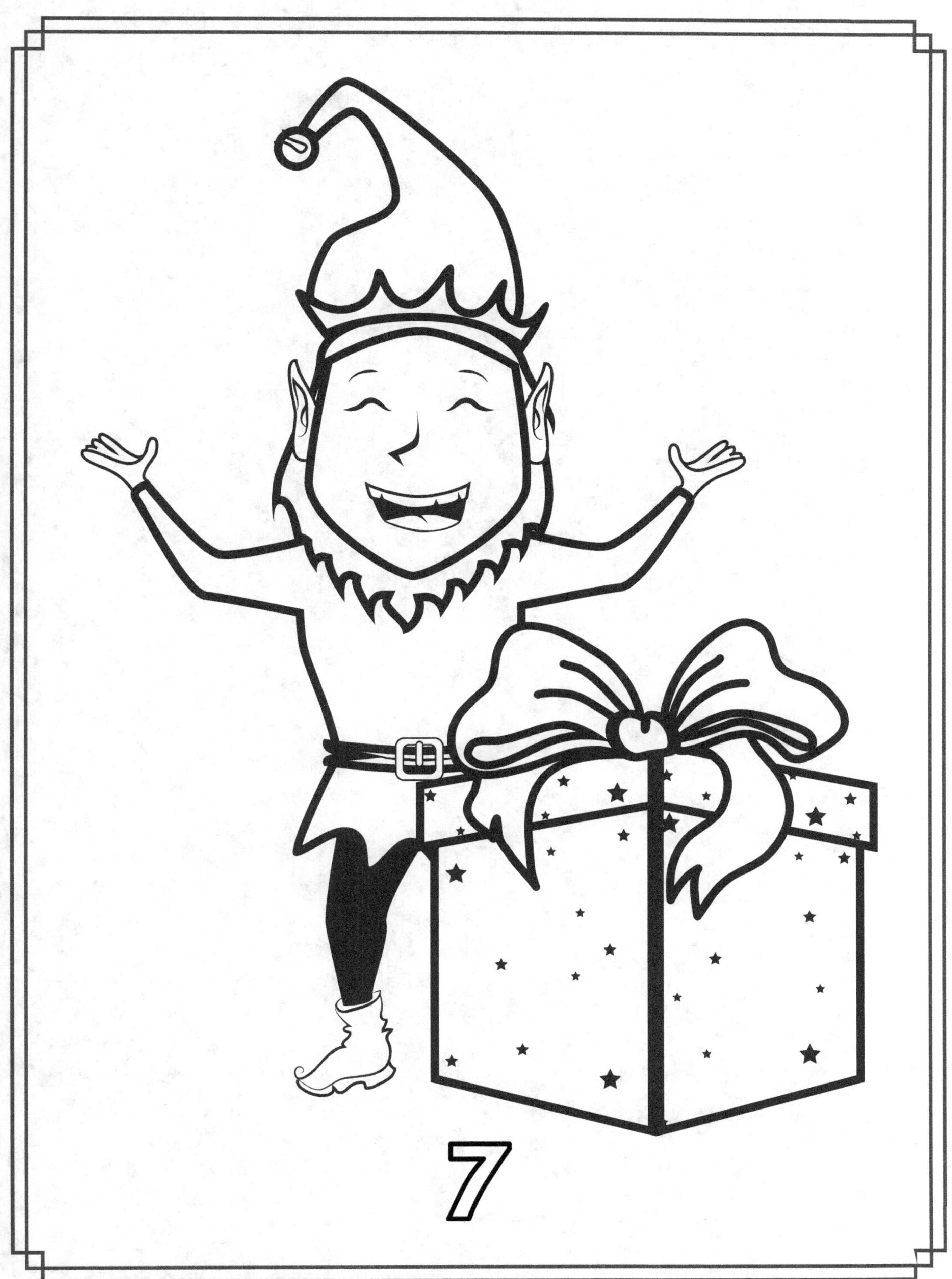

7

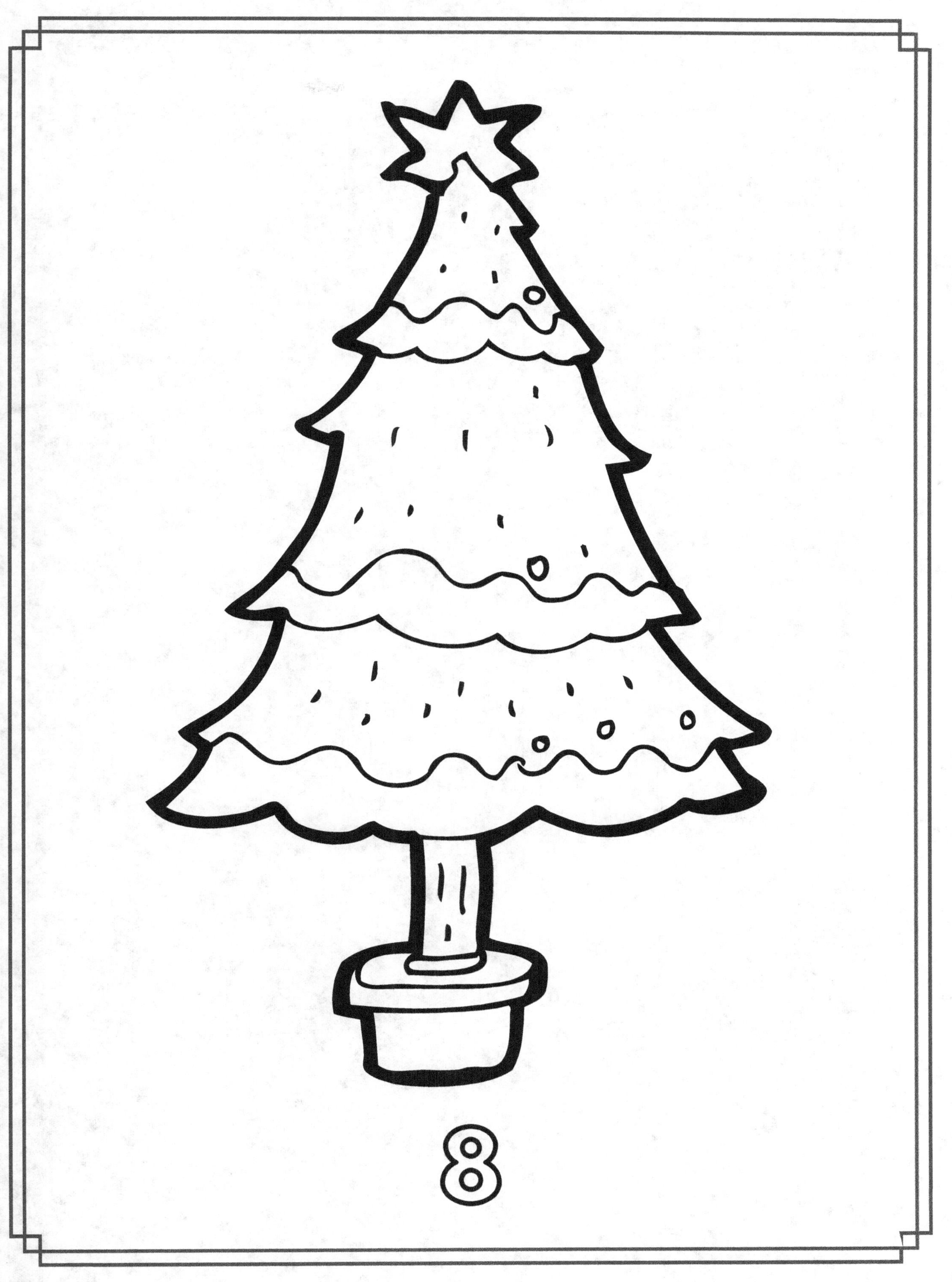

8

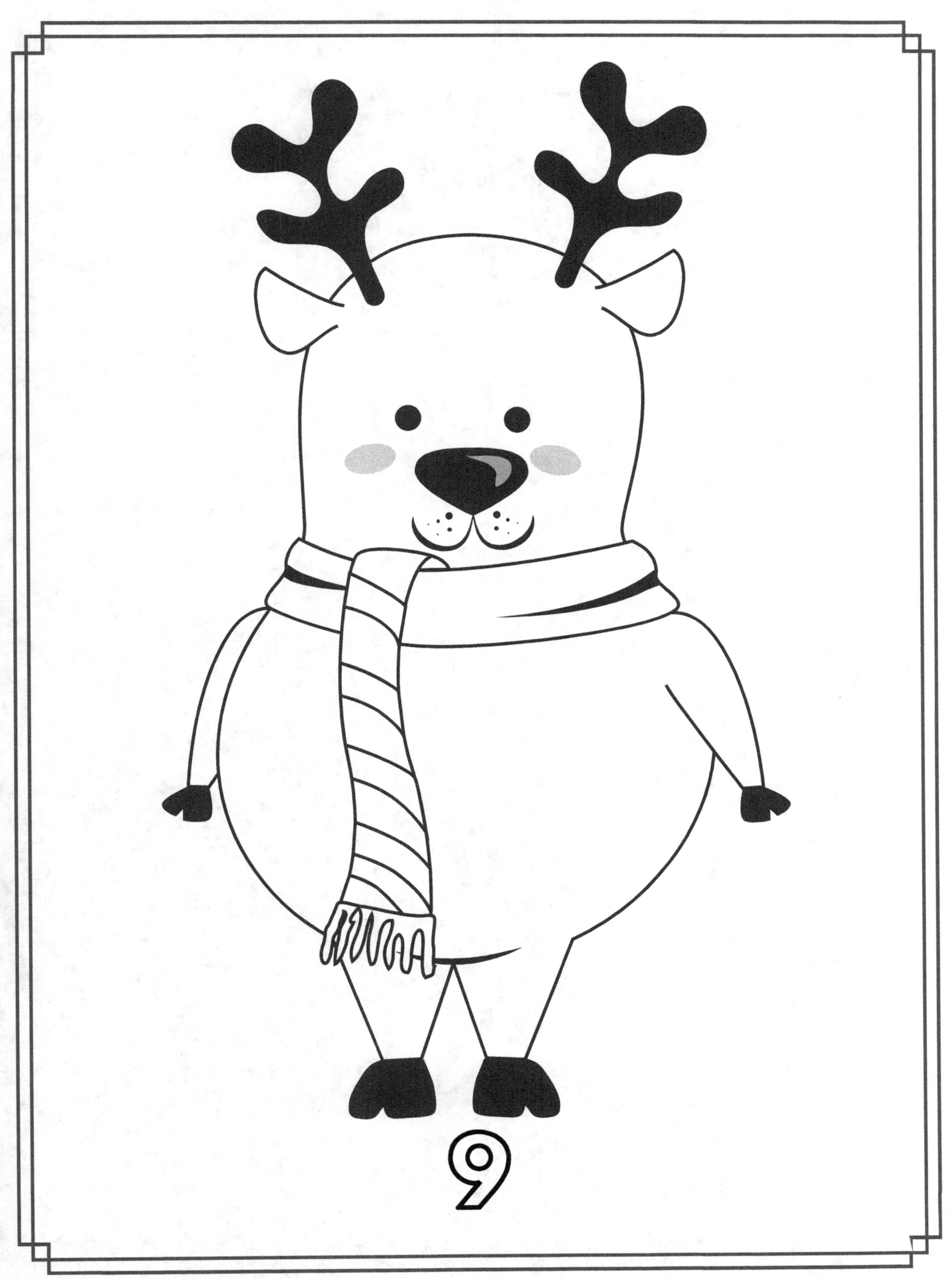

9

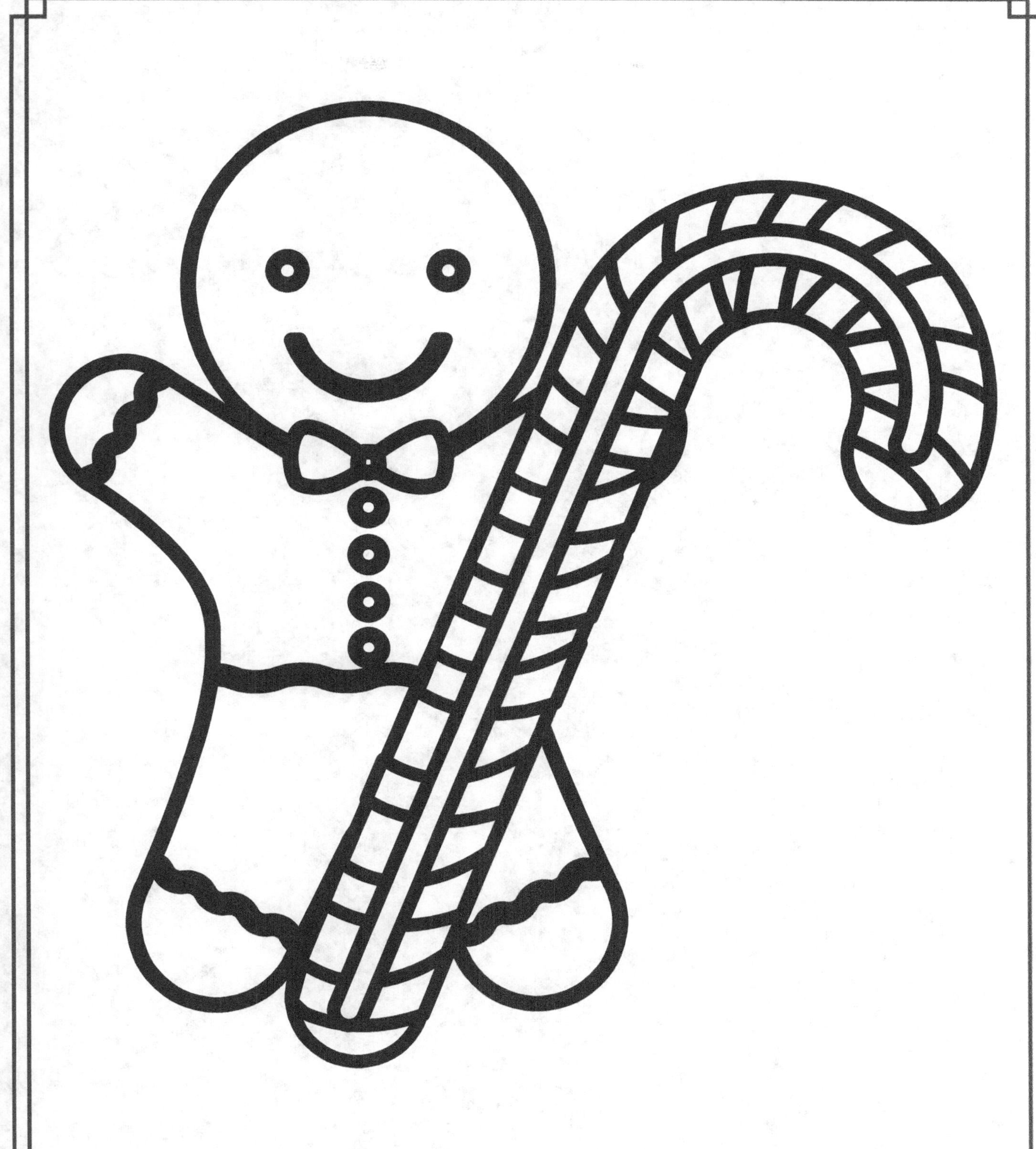

10

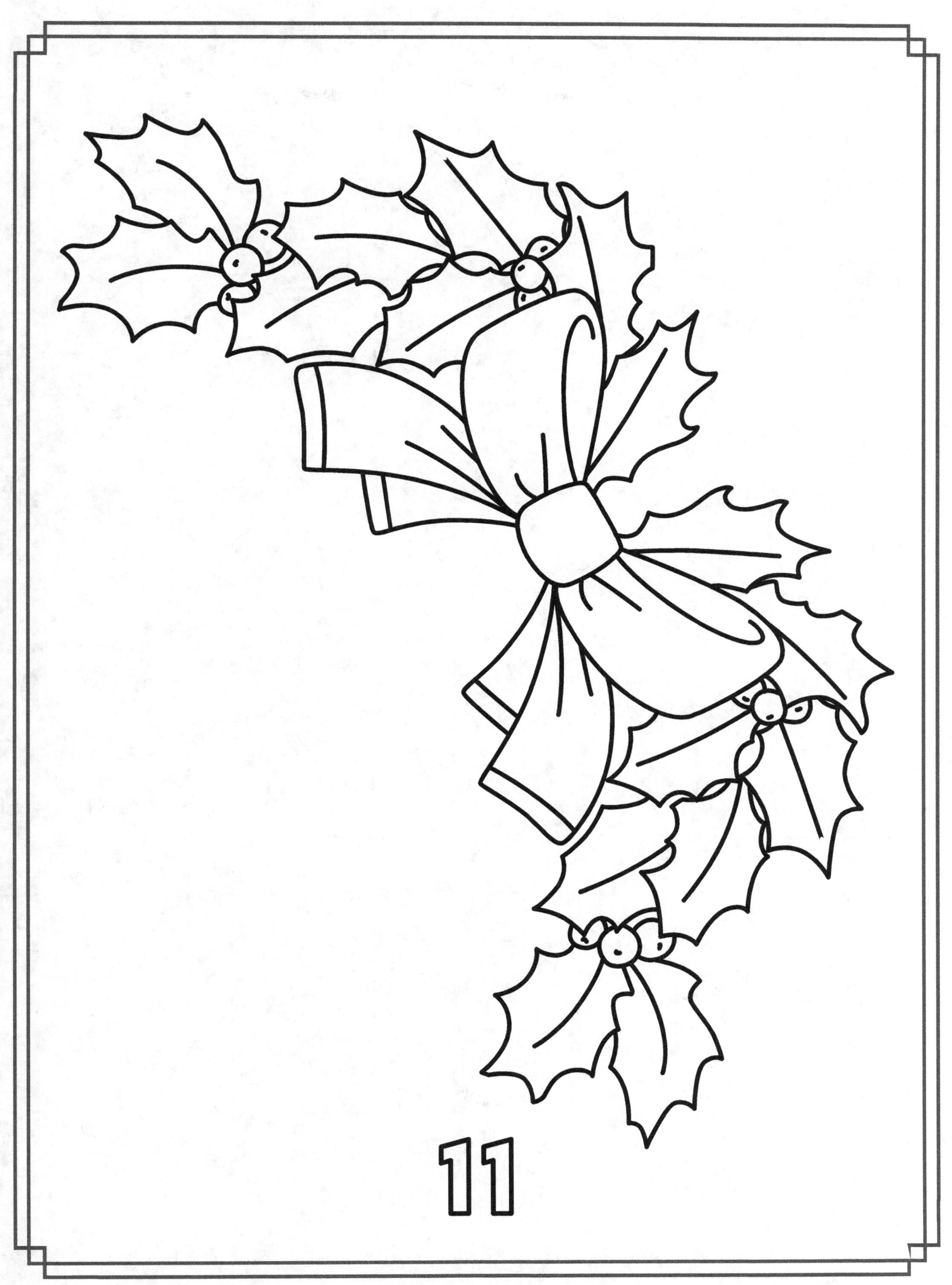

11

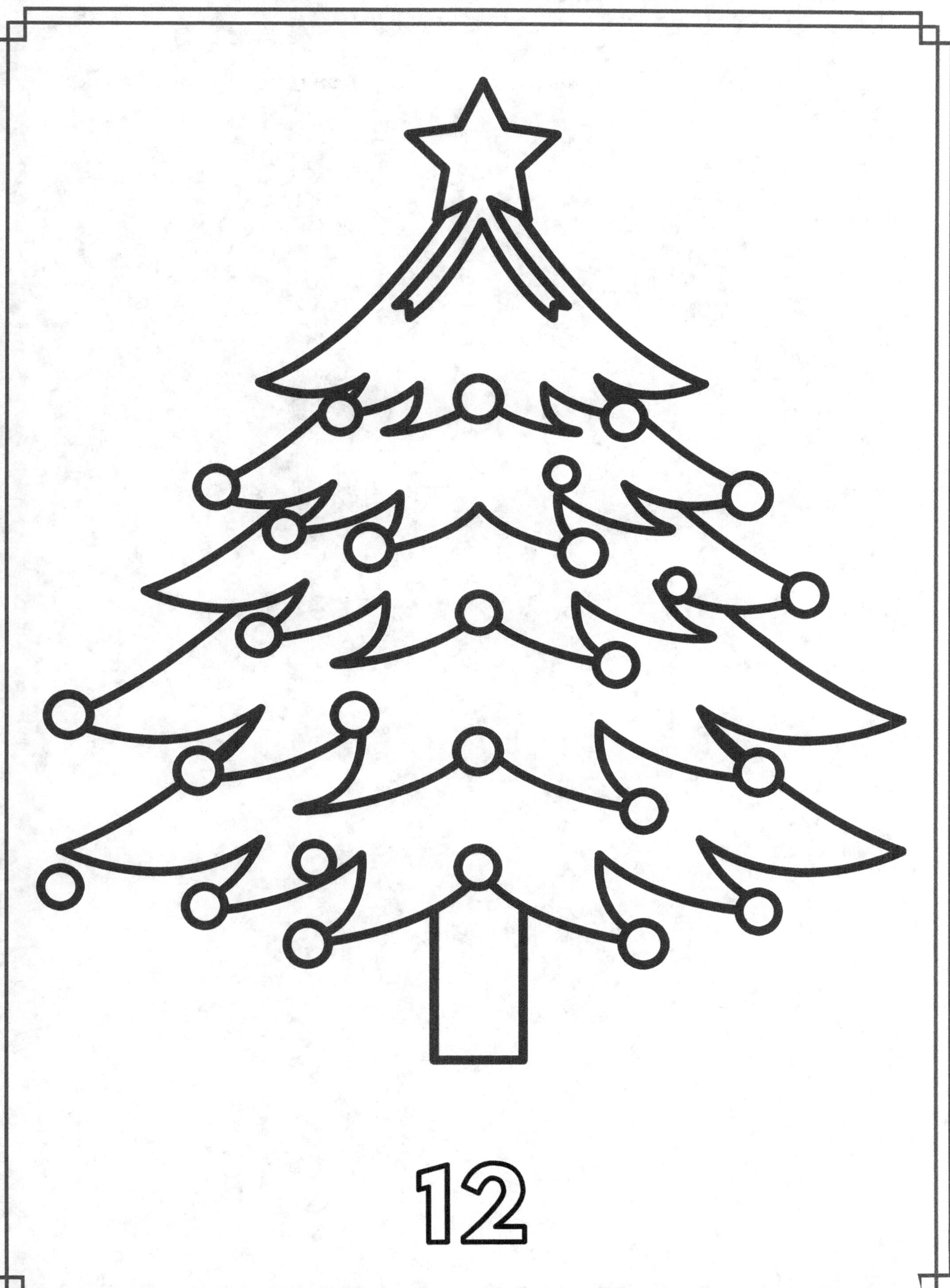

12

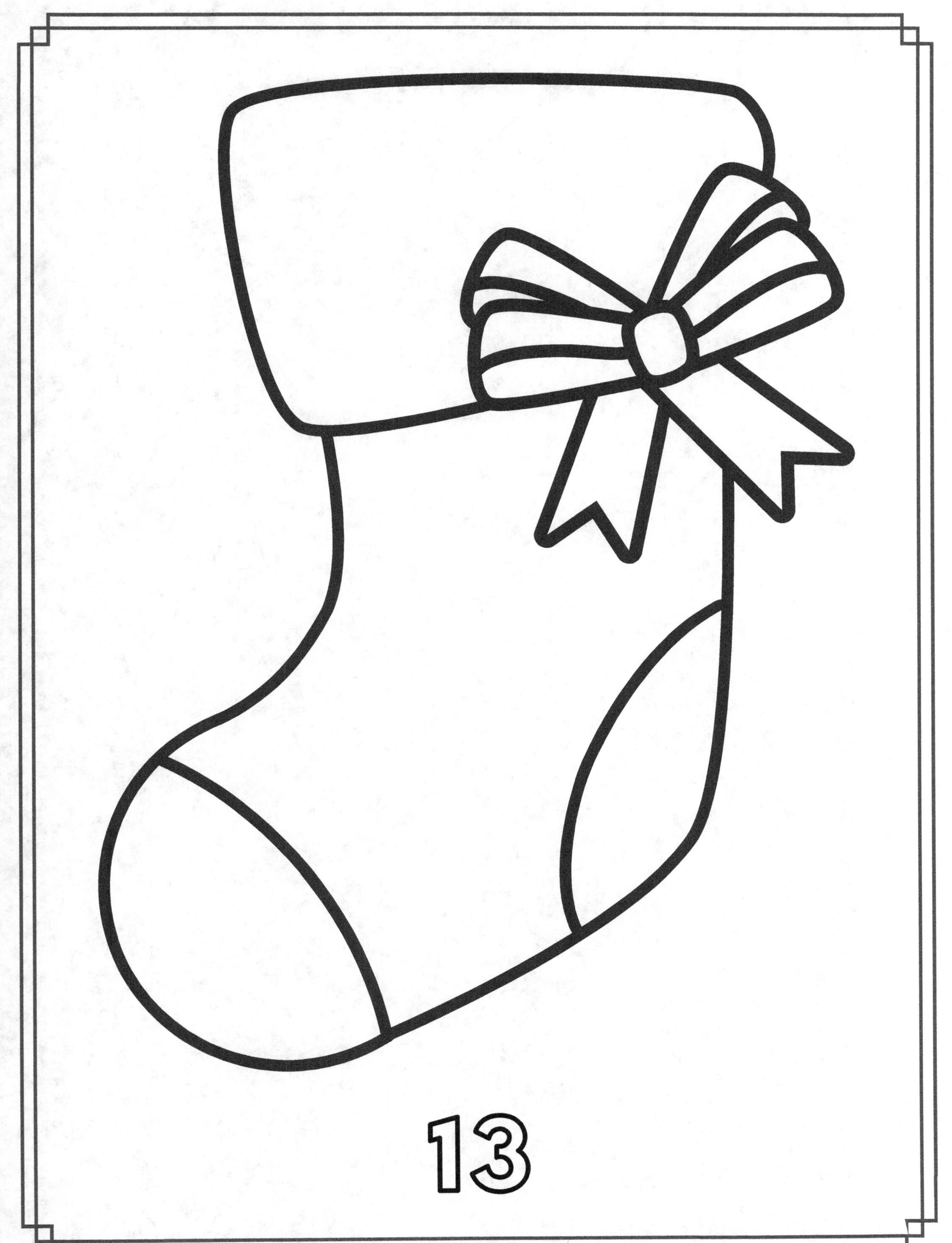

13

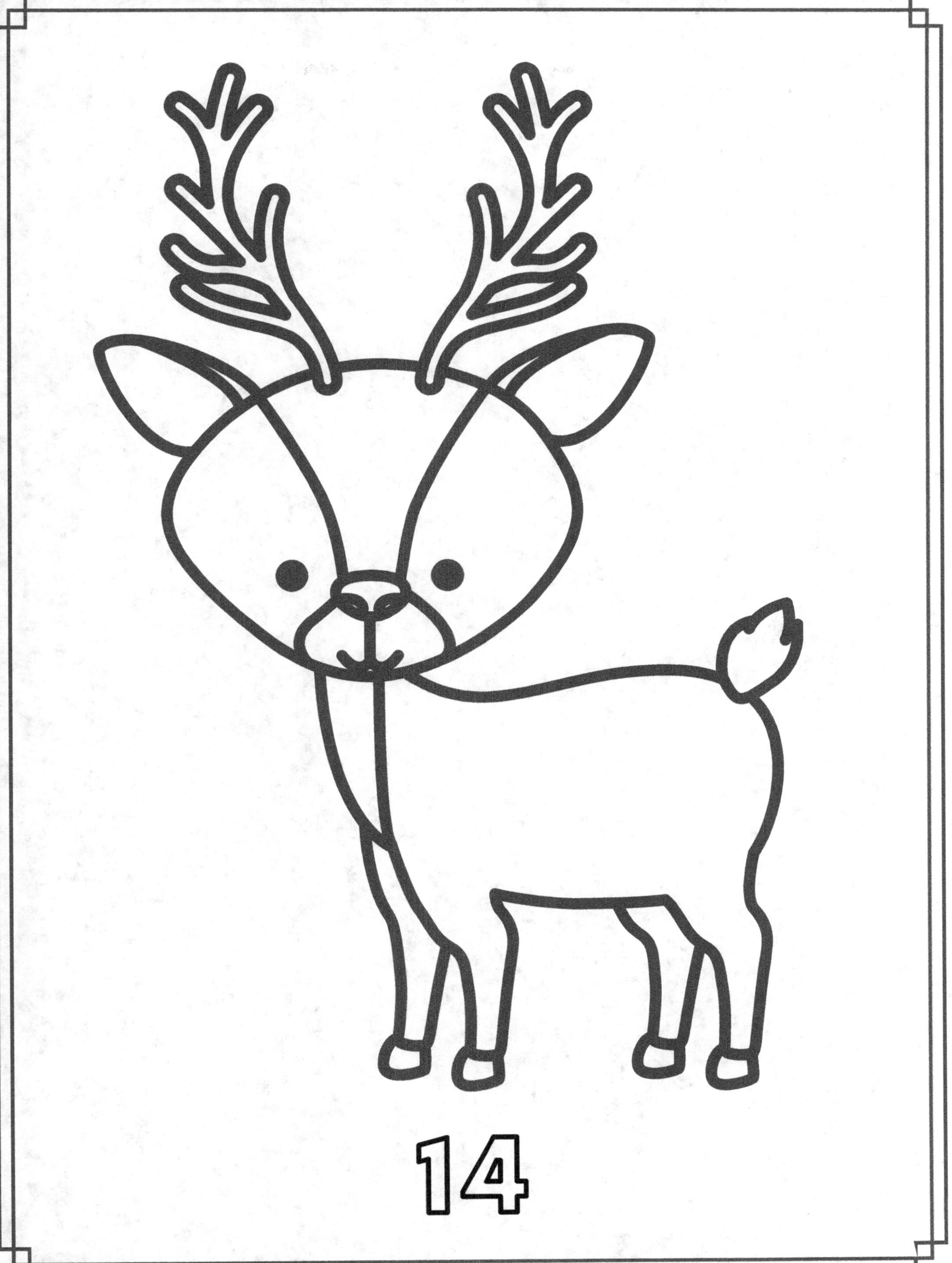

14

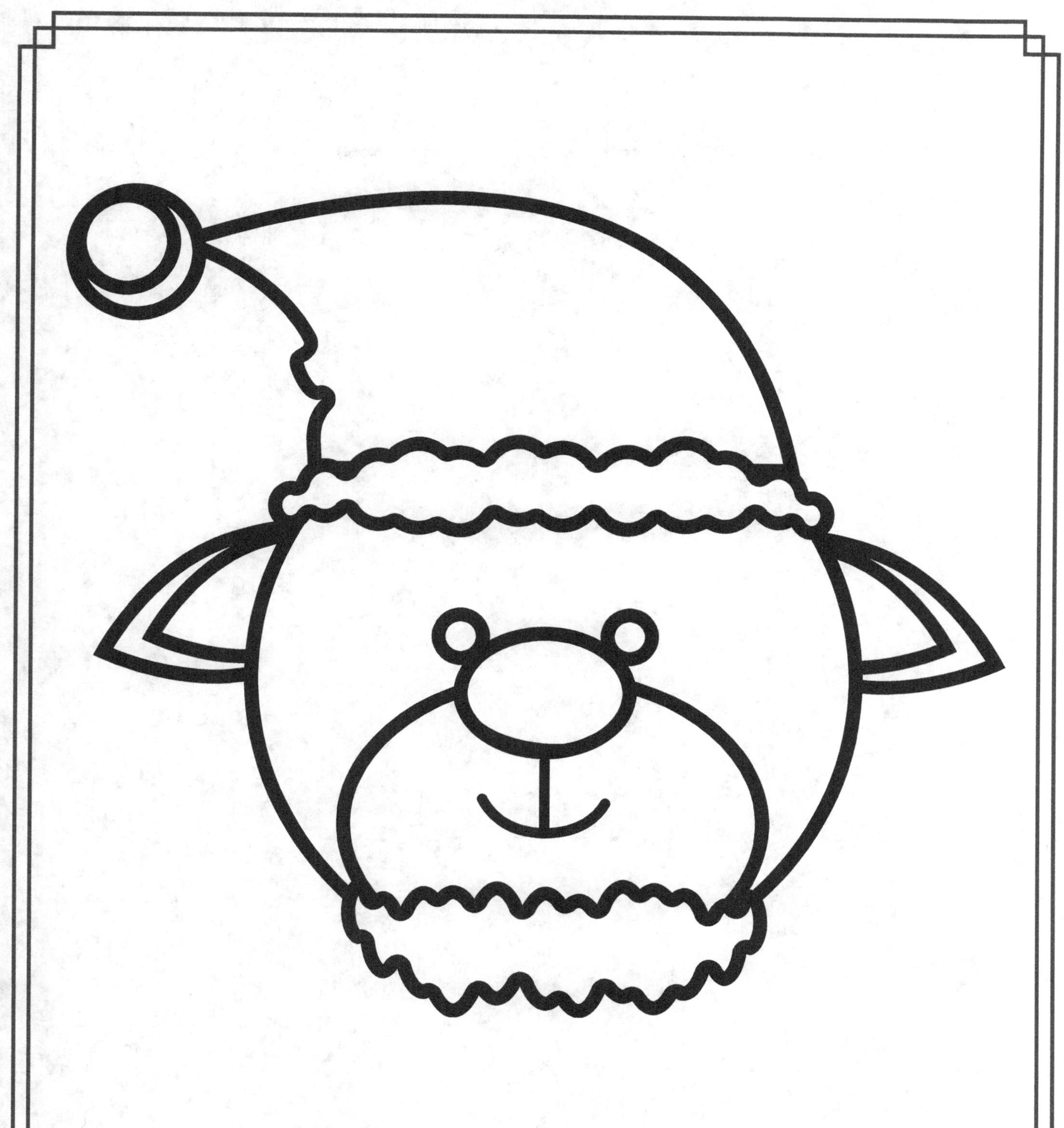

15

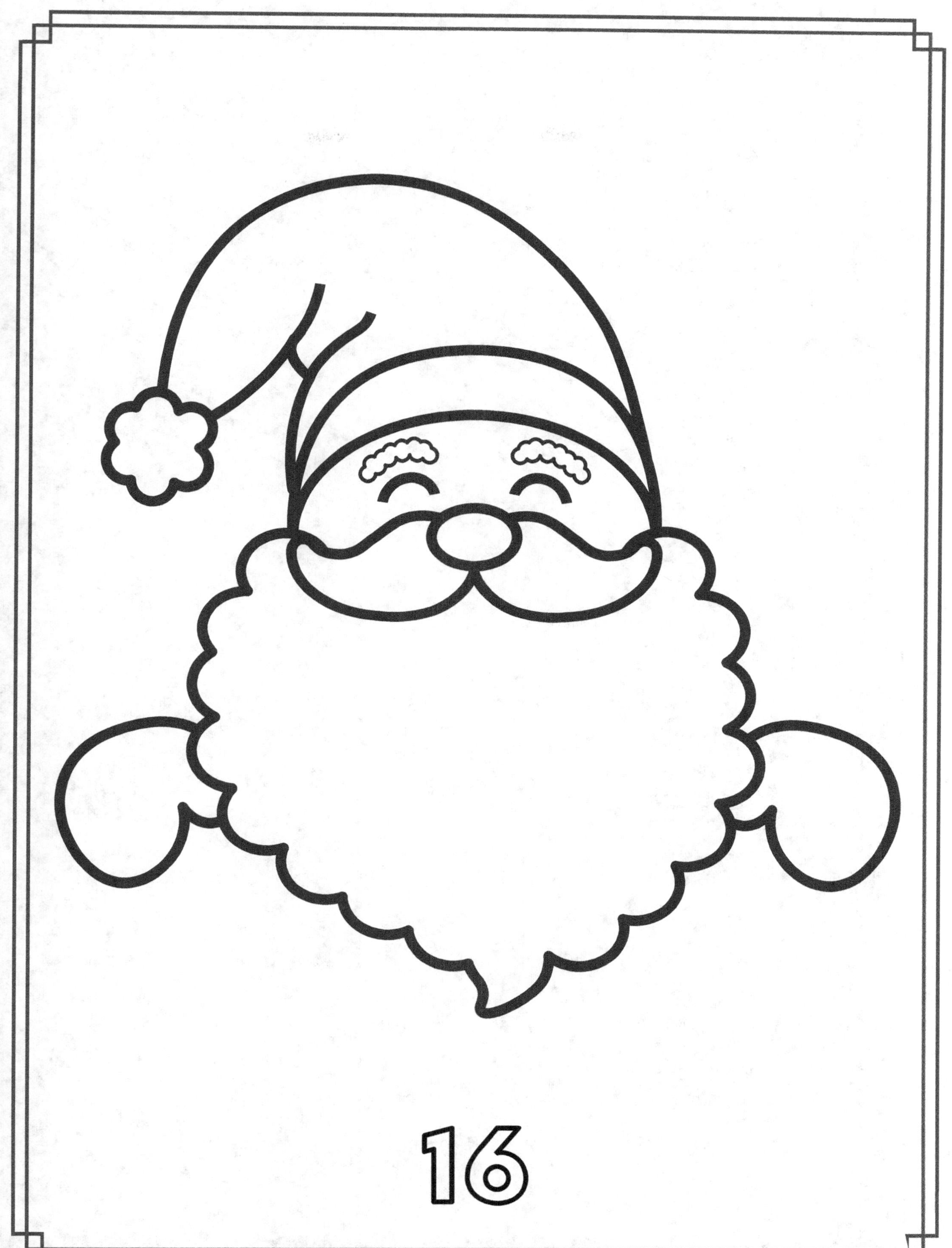

16

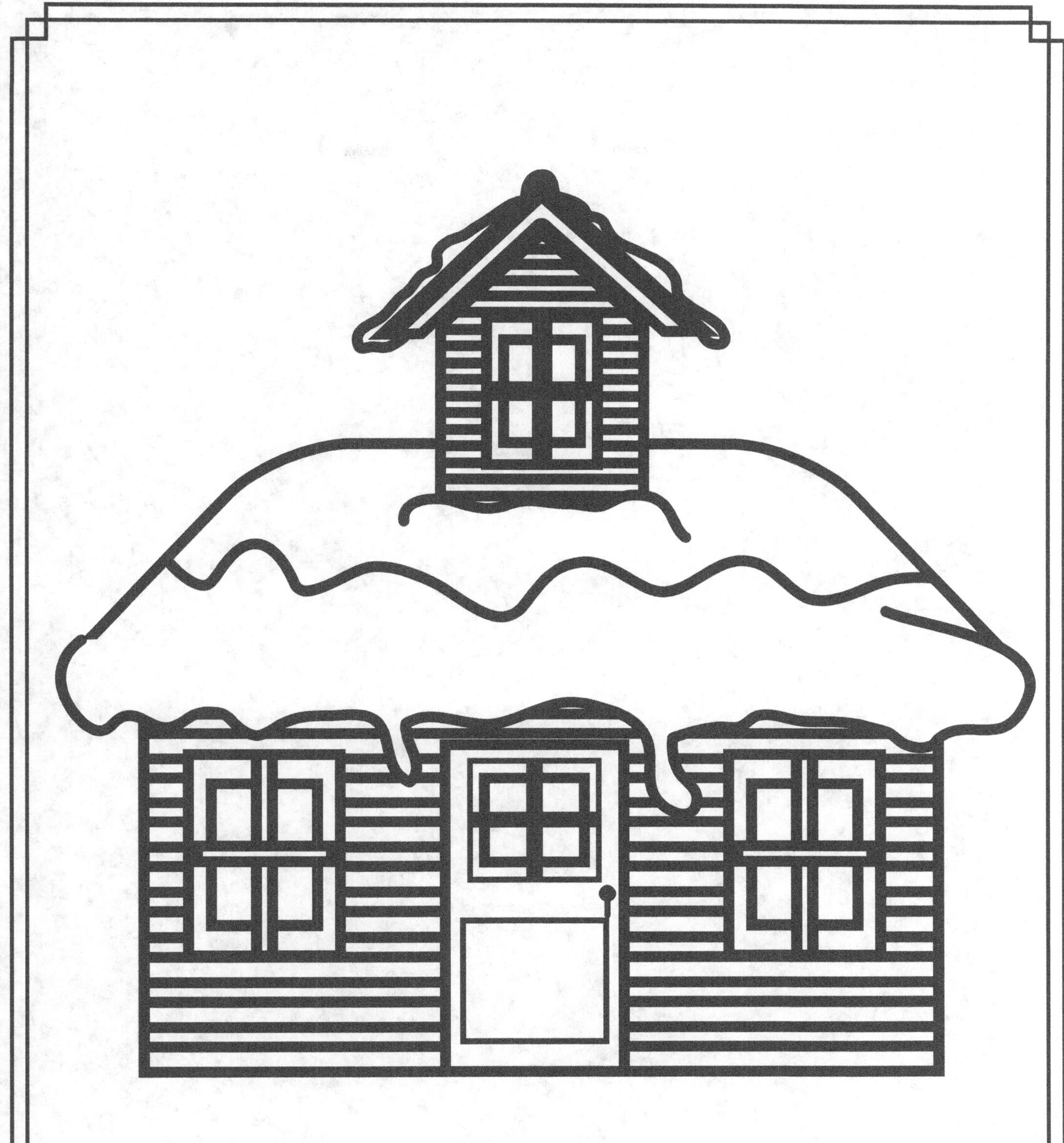

17

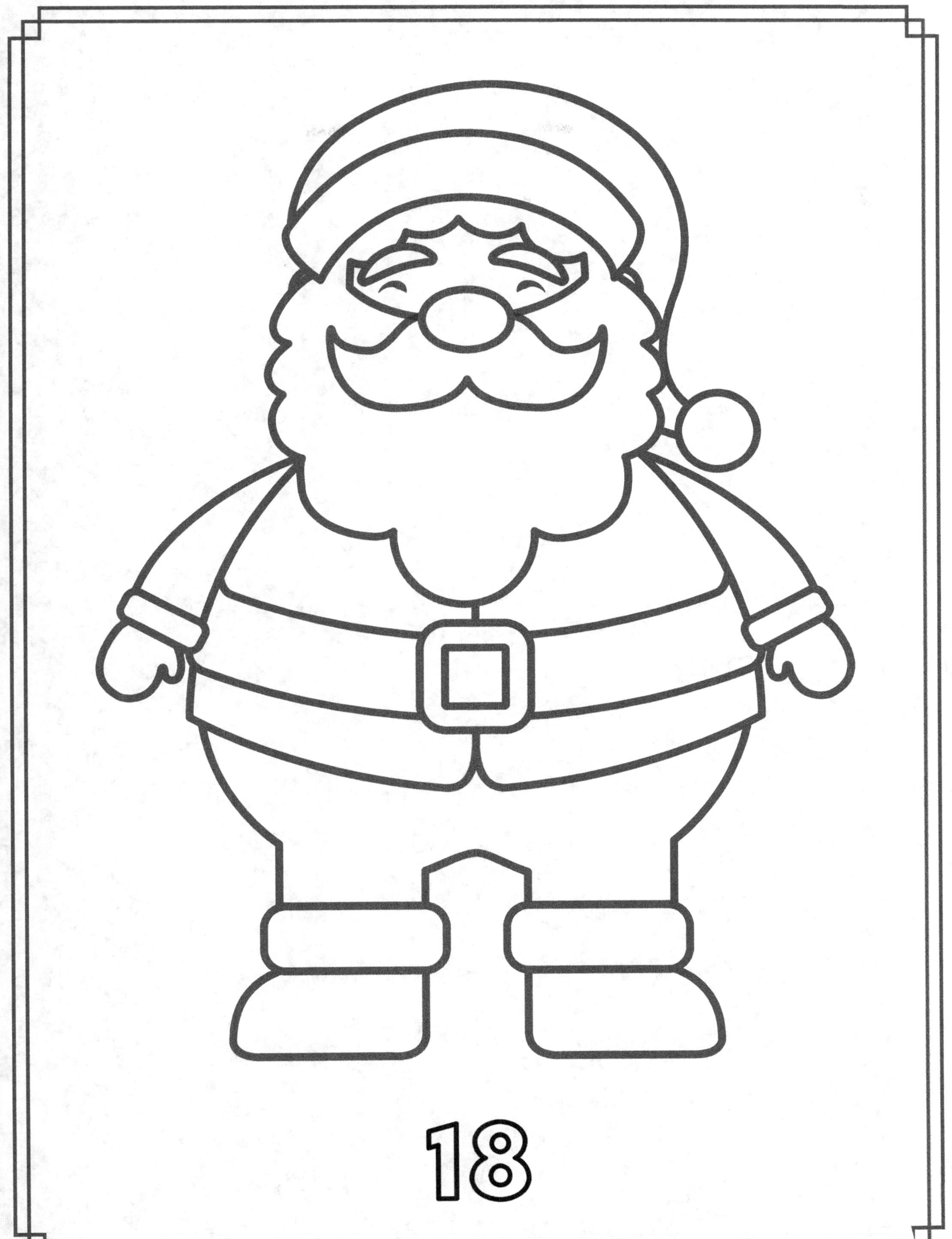

18

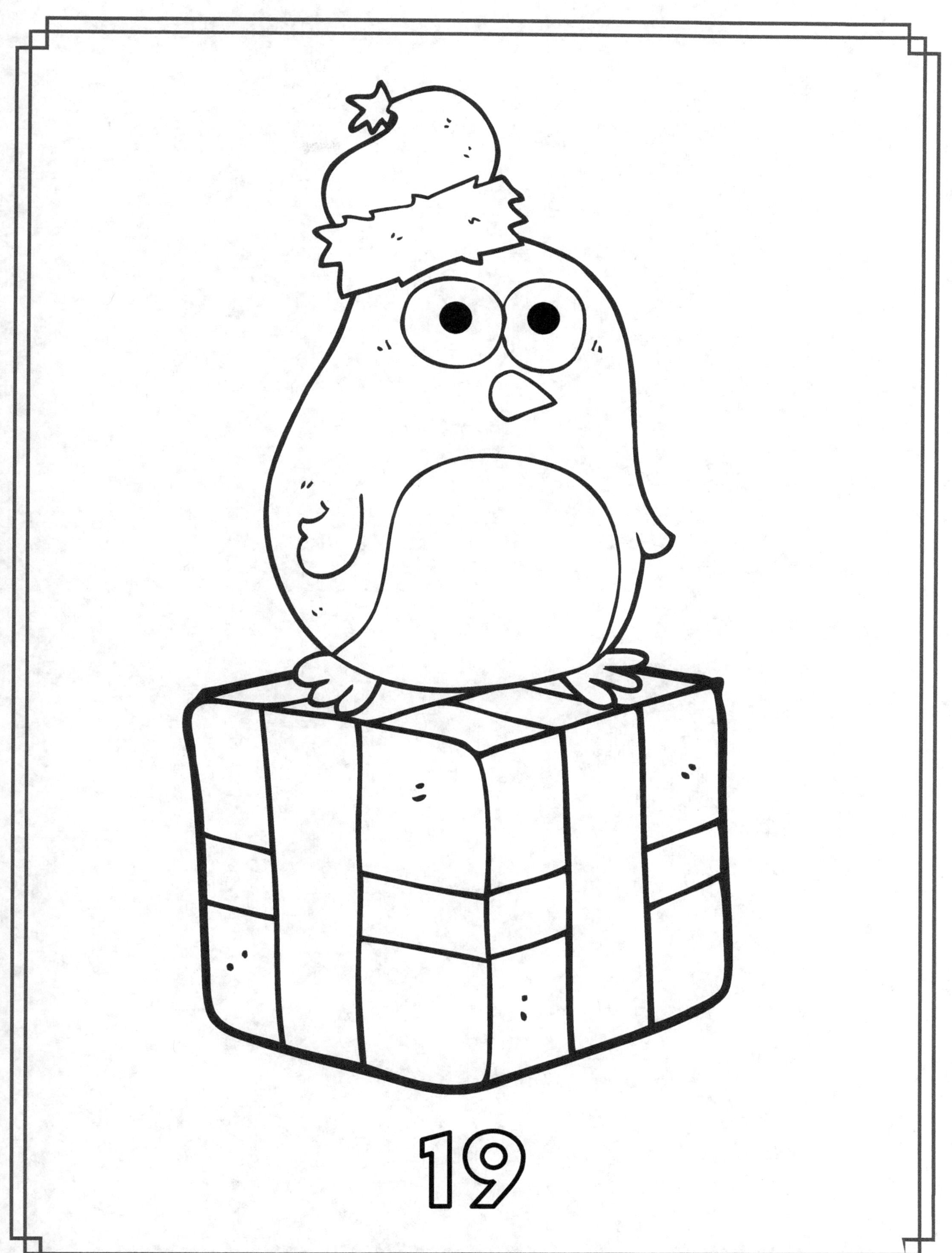

19

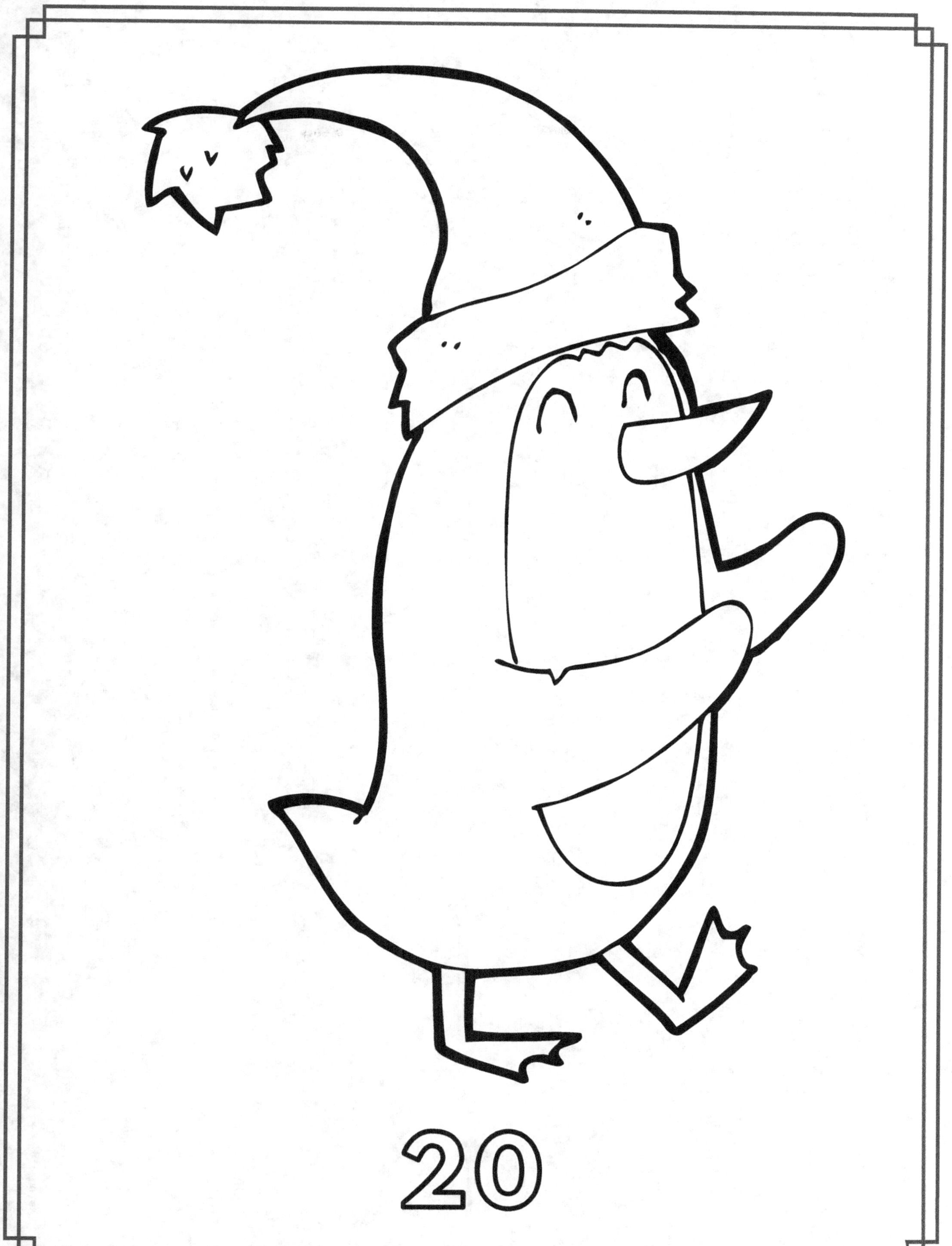

20

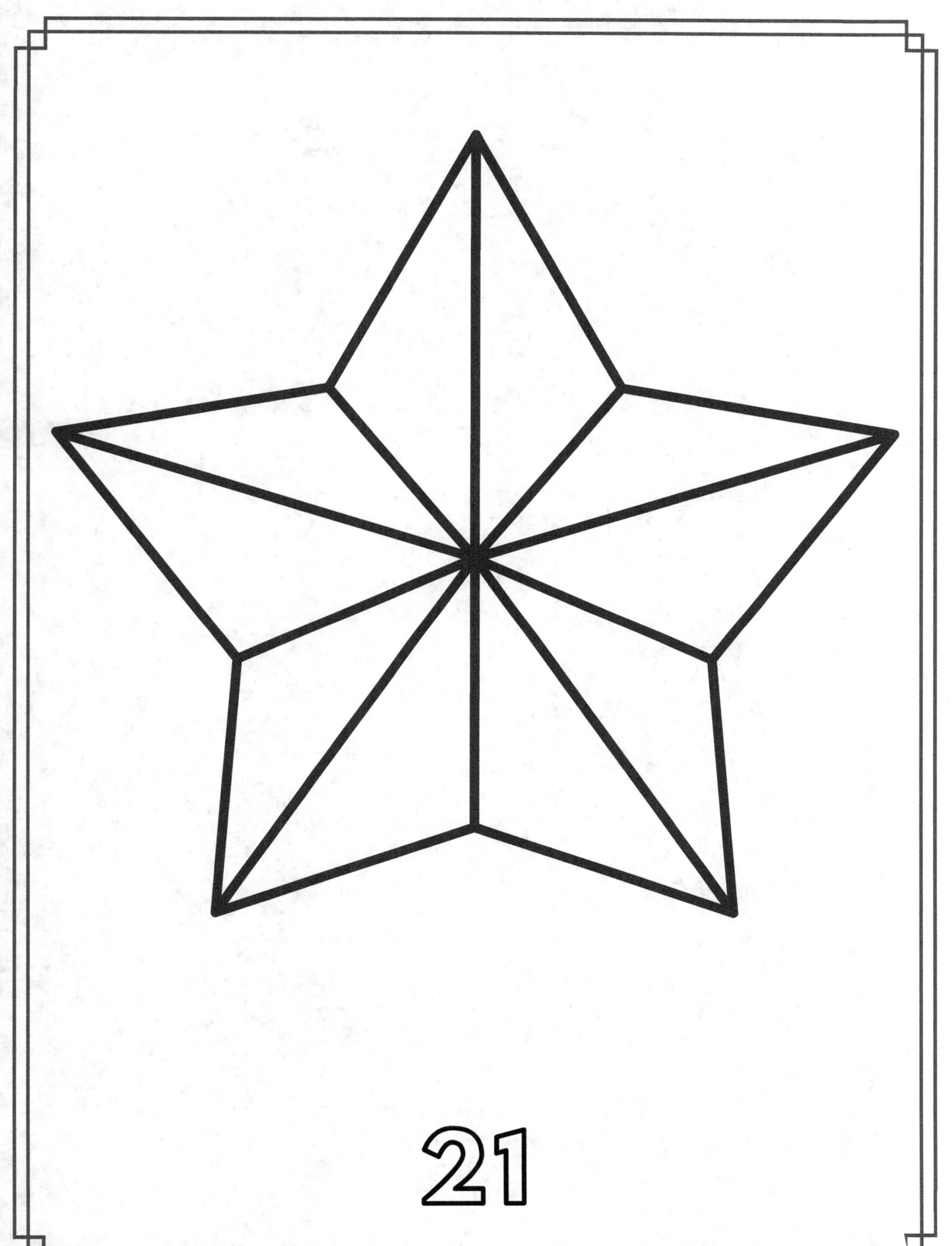

21

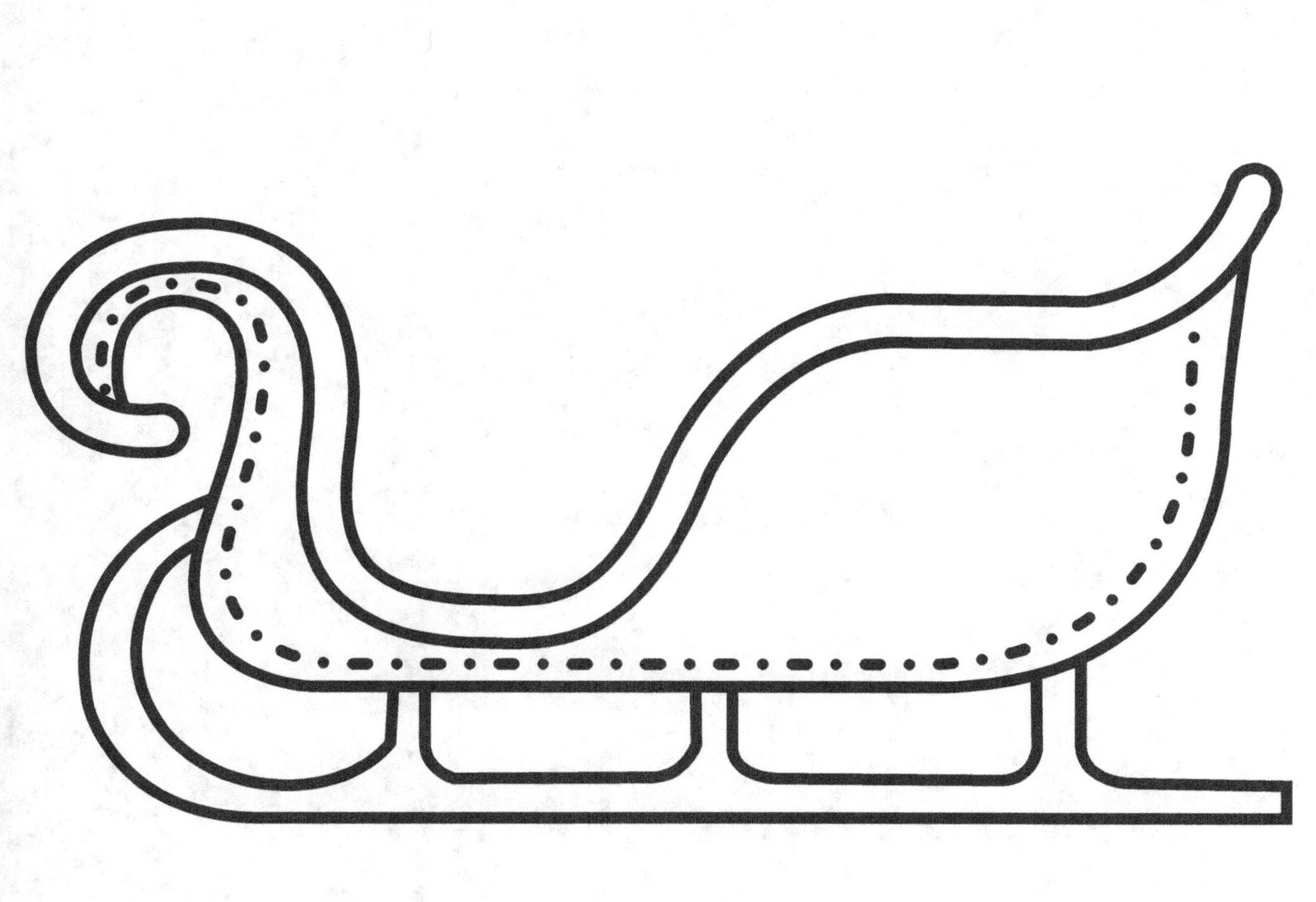

22

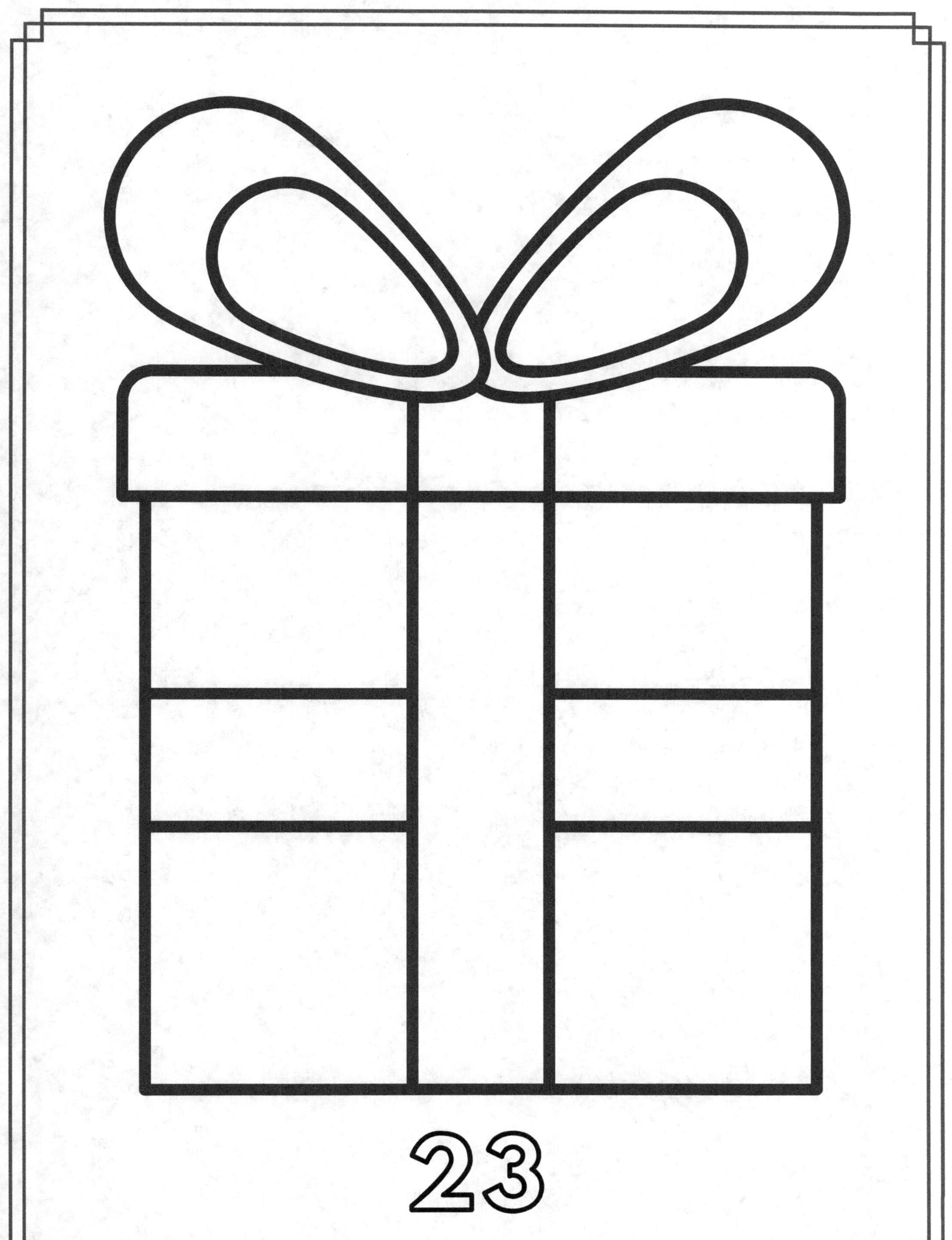
23

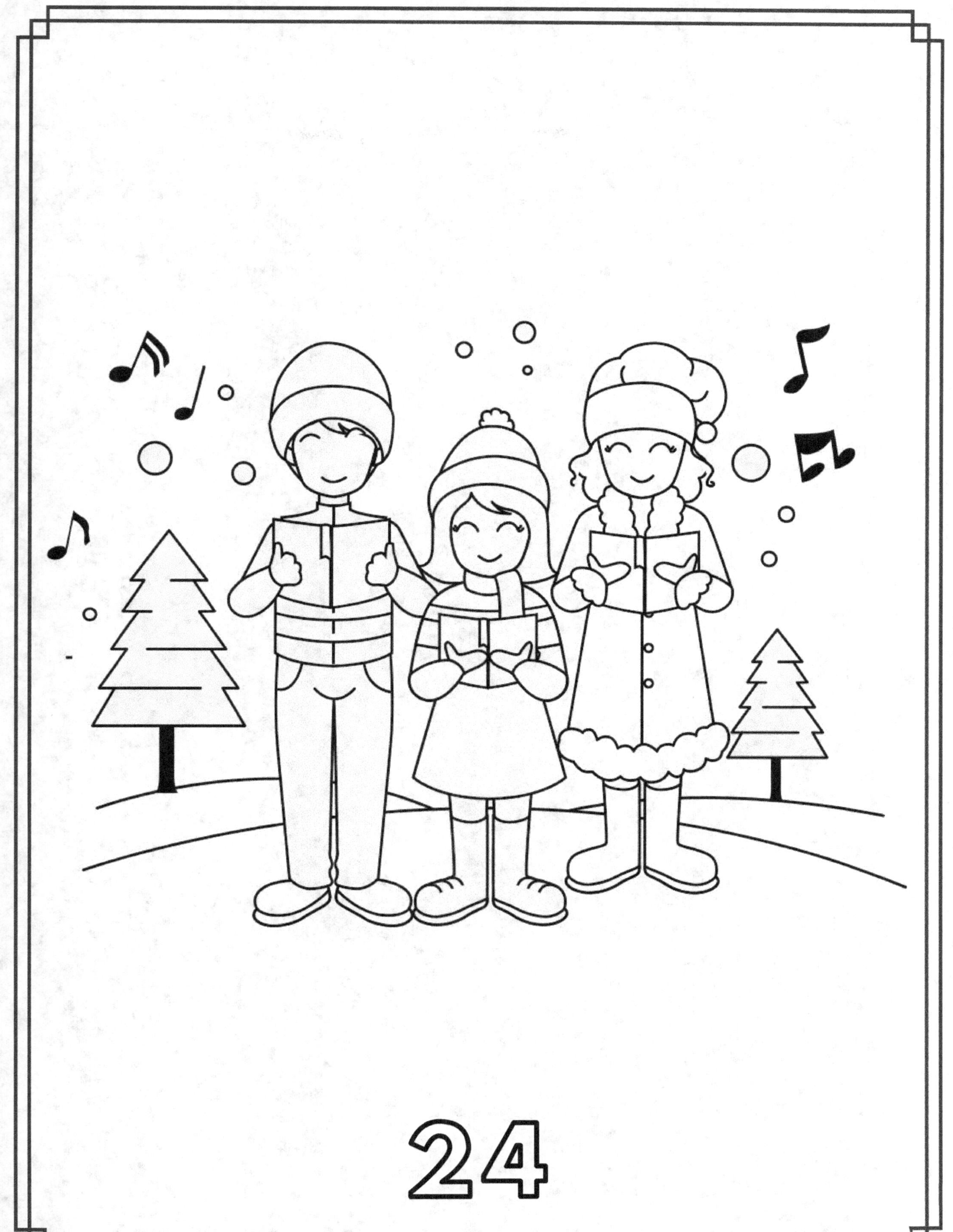

24

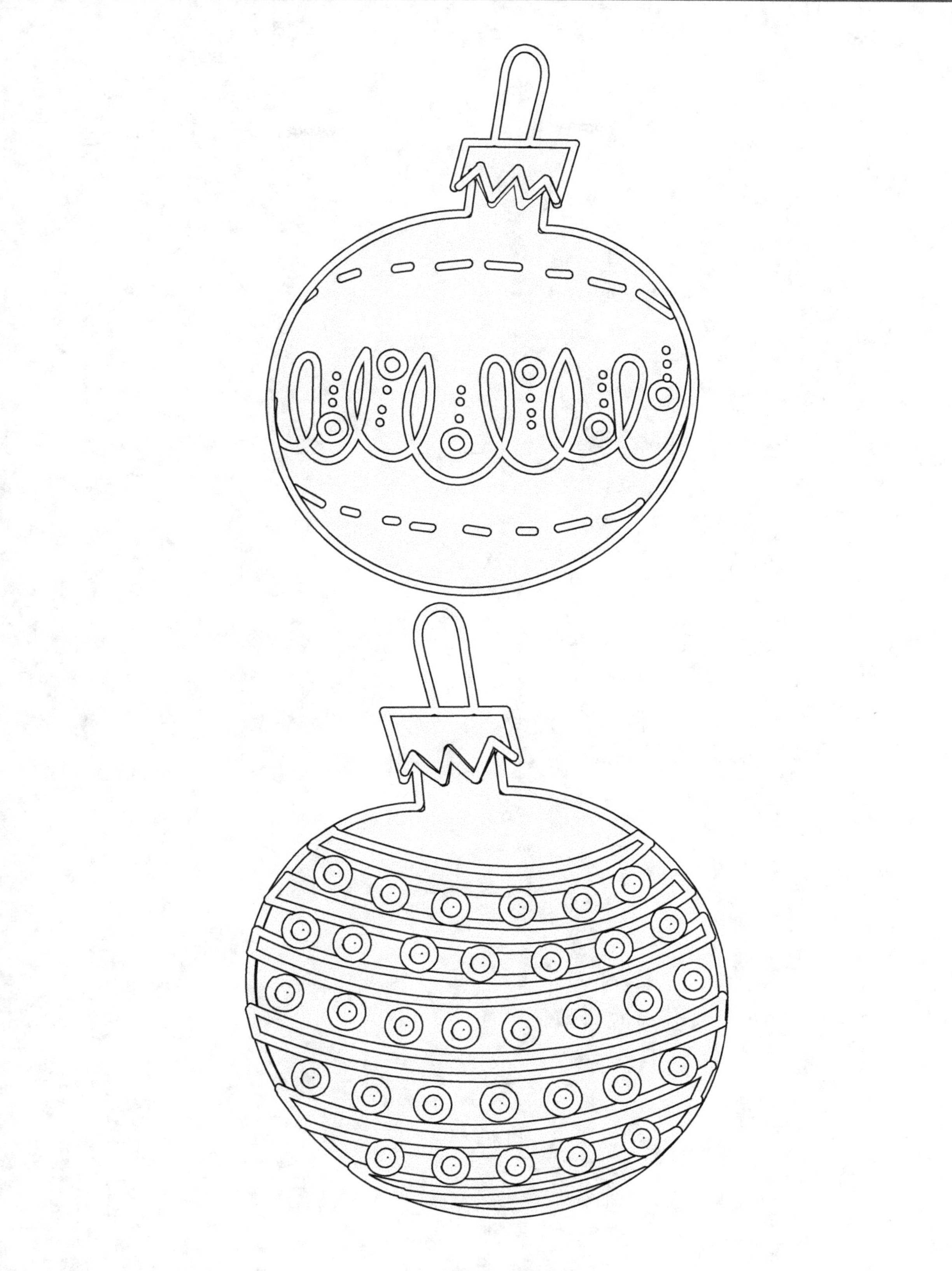

25

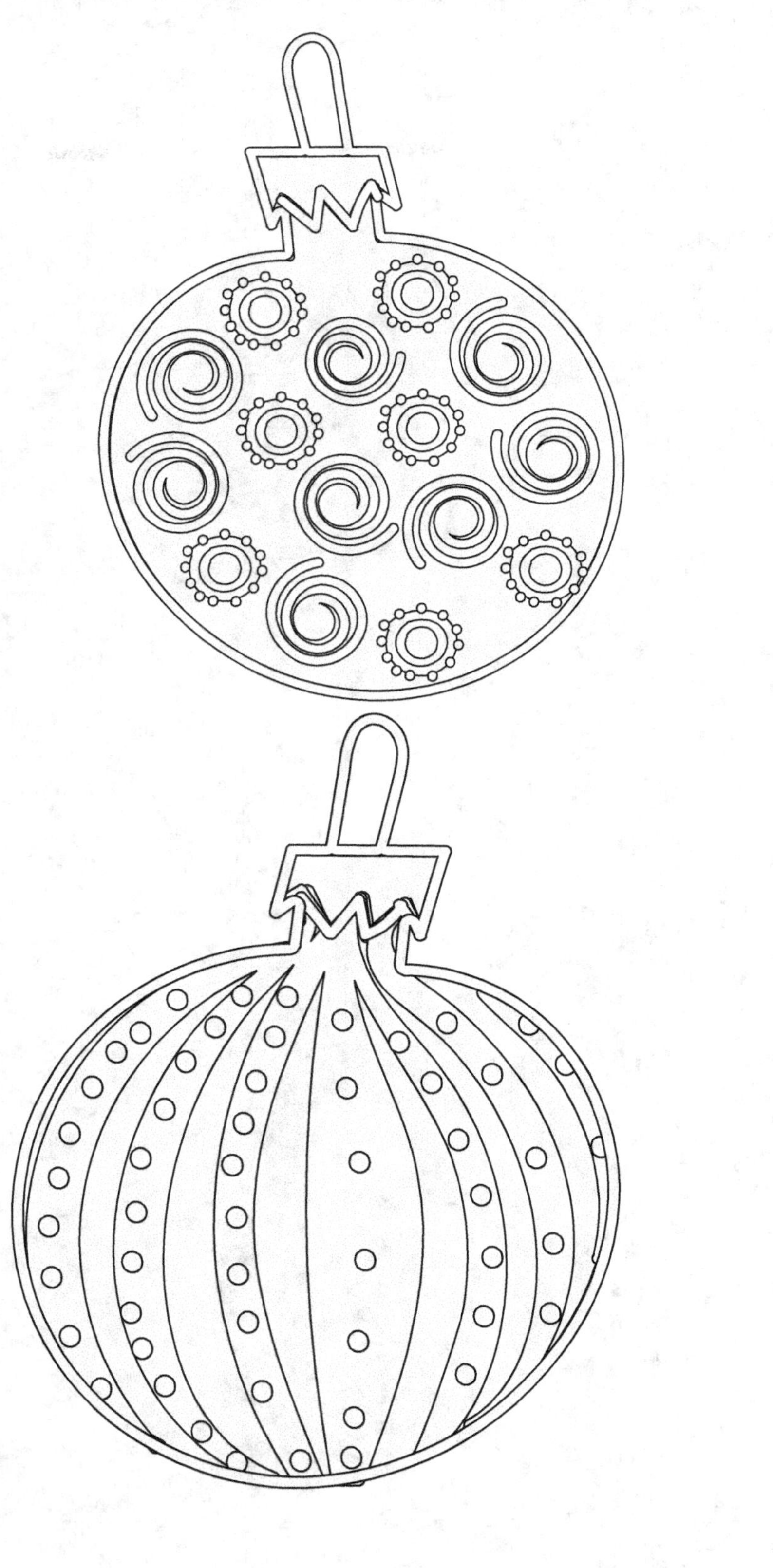

26

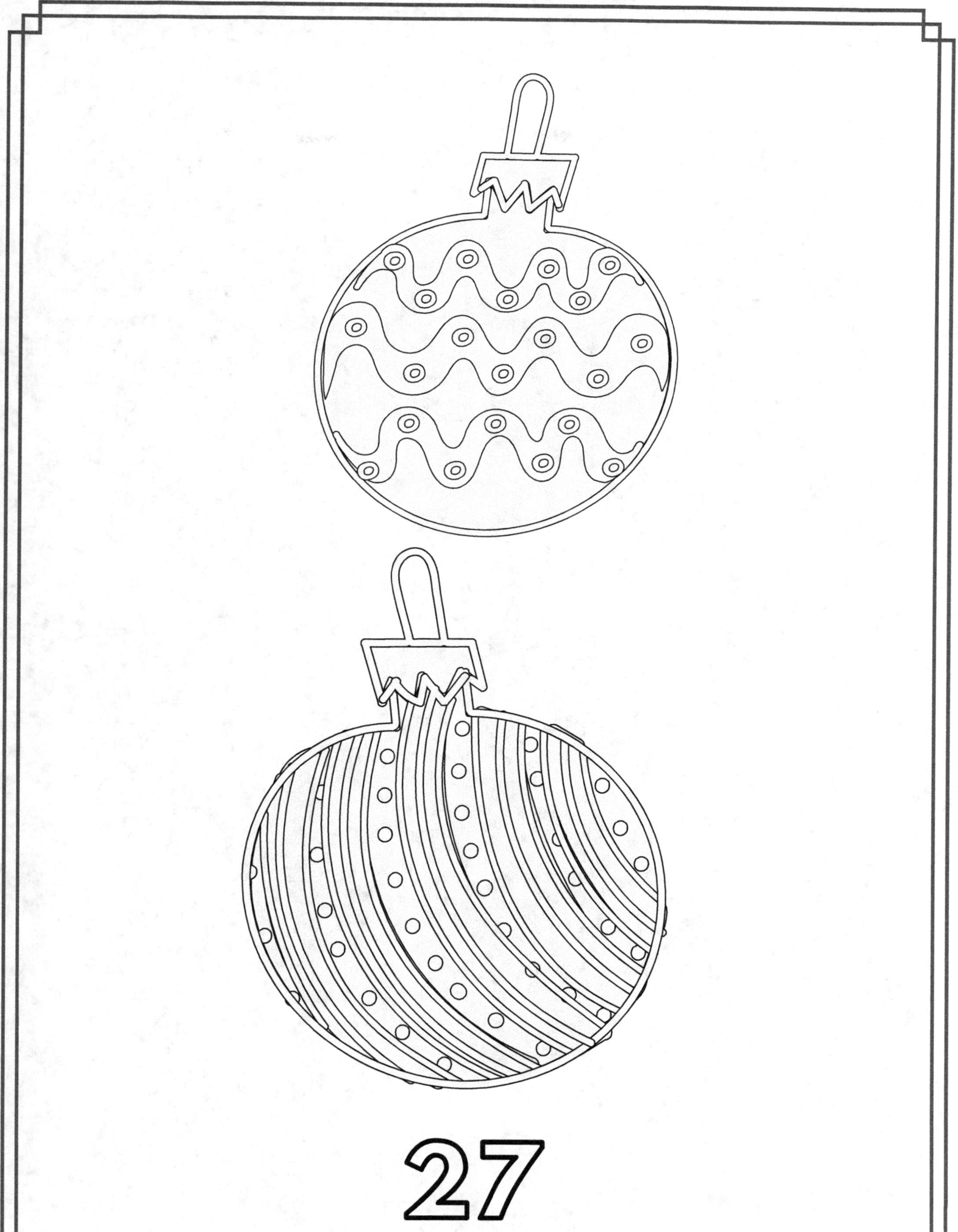

27

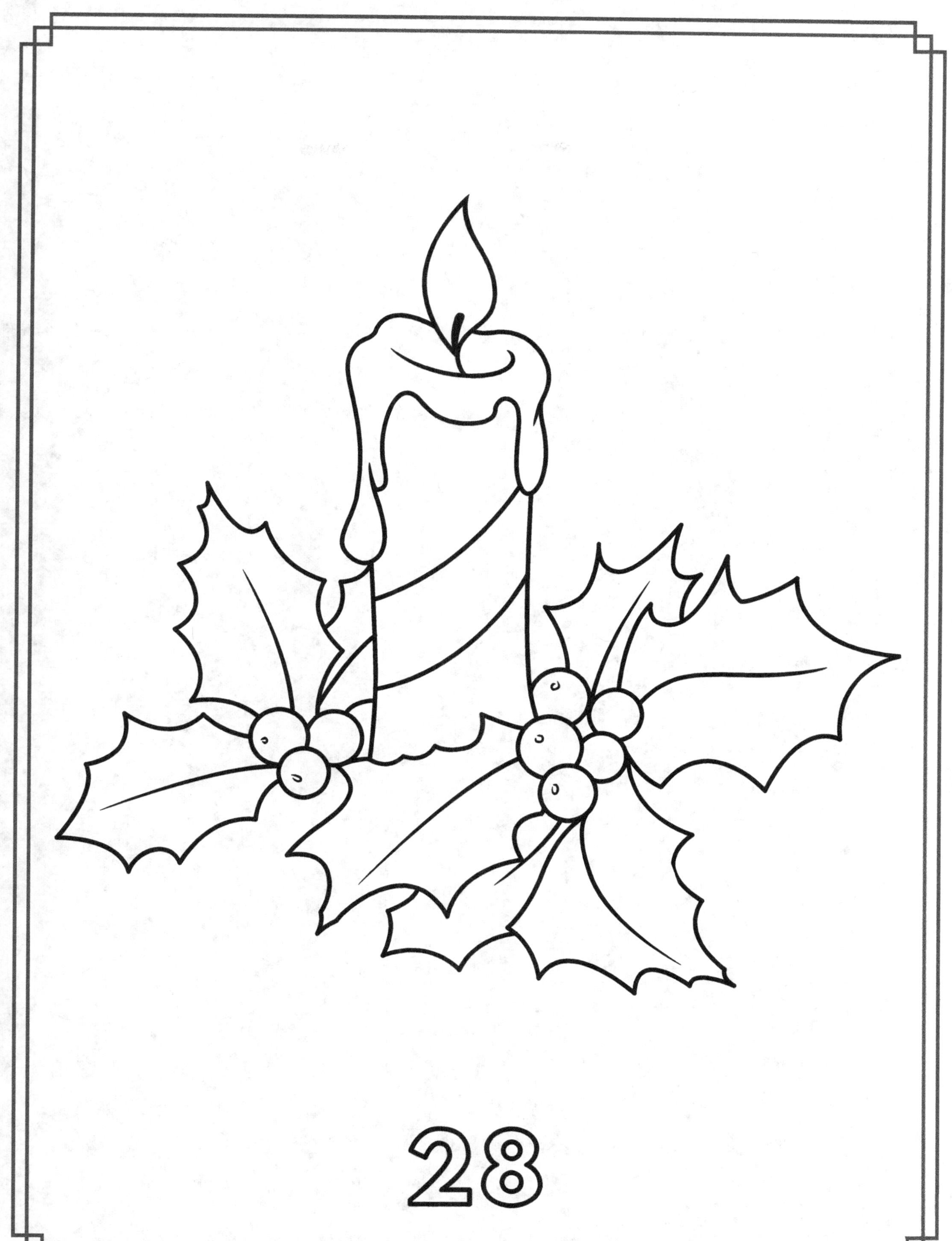

28